रज़ा पुस्तक माला

आवाज़ में झर कर

कविता–संग्रह

रज़ा फ़ाउण्डेशन | THE RAZA FOUNDATION

आवाज़ में झर कर

प्रकाश

राजकमल प्रकाशन

रज़ा पुस्तक माला : कविता
प्रधान सम्पादक : अशोक वाजपेयी | सम्पादक : पीयूष दईया
राजकमल प्रकाशन प्रा.लि. और रज़ा फ़ाउण्डेशन का सह-प्रकाशन

ISBN : 978-81-267-3085-8

मूल्य : ₹250

पहला संस्करण : 2018

प्रकाशक : राजकमल प्रकाशन प्रा. लि.
1-बी, नेताजी सुभाष मार्ग, दरियागंज
नई दिल्ली-110 002

शाखाएँ : अशोक राजपथ, साइंस कॉलेज के सामने, पटना-800 006
पहली मंजिल, दरबारी बिल्डिंग, महात्मा गांधी मार्ग, इलाहाबाद-211 001
36 ए, शेक्सपियर सरणी, कोलकाता-700 017

वेबसाइट : www.rajkamalprakashan.com
ई-मेल : info@rajkamalprakashan.com

मुद्रक : यश प्रिंटोग्राफिक्स
नोएडा-201301 (उत्तर प्रदेश)

AWAAZ MEIN JHAR KAR
Poems by Prakash

झूठ की यह गठरी
प्रकाश को

सच बोलते ही झूठ हो जाता है।

—लाओ-त्से

आमुख

कलाओं में भारतीय आधुनिकता के एक मूर्धन्य सैयद हैदर रज़ा एक अथक और अनोखे चित्रकार तो थे ही उनकी अन्य कलाओं में भी गहरी दिलचस्पी थी। विशेषतः कविता और विचार में। वे हिन्दी को अपनी मातृभाषा मानते थे और हालाँकि उनका फ्रेंच और अँग्रेज़ी का ज्ञान और उन पर अधिकार गहरा था, वे, फ्रांस में साठ वर्ष बिताने के बाद भी, हिन्दी में रमे रहे। यह आकस्मिक नहीं है कि अपने कला-जीवन के उत्तरार्द्ध में उनके सभी चित्रों के शीर्षक हिन्दी में होते थे। वे संसार के श्रेष्ठ चित्रकारों में, २०-२१वीं सदियों में, शायद अकेले हैं जिन्होंने अपने सौ से अधिक चित्रों में देवनागरी में संस्कृत, हिन्दी और उर्दू कविता में पंक्तियाँ अंकित कीं। बरसों तक मैं जब उनके साथ कुछ समय पेरिस में बिताने जाता था तो उनके इसरार पर अपने साथ नवप्रकाशित हिन्दी कविता की पुस्तकें ले जाता था : उनके पुस्तक-संग्रह में, जो अब दिल्ली स्थित रज़ा अभिलेखागार का एक हिस्सा है, हिन्दी कविता का एक बड़ा संग्रह शामिल था।

रज़ा की एक चिन्ता यह भी थी कि हिन्दी में कई विषयों में अच्छी पुस्तकों की कमी है। विशेषतः कलाओं और विचार आदि को लेकर। वे चाहते थे कि हमें कुछ पहल करना चाहिये। २०१६ में साढ़े चौरानवे वर्ष की आयु में उनकी मृत्यु के बाद रज़ा फ़ाउण्डेशन ने उनकी इच्छा का सम्मान करते हुए हिन्दी में कुछ नये क़िस्म की पुस्तकें प्रकाशित करने की पहल *रज़ा पुस्तक माला* के रूप में की है, जिनमें कुछ अप्राप्य पूर्व प्रकाशित पुस्तकों का पुनर्प्रकाशन भी शामिल है। उनमें गांधी, संस्कृति-

चिन्तन, संवाद, भारतीय भाषाओं से विशेषत: कला-चिन्तन के हिन्दी अनुवाद, कविता आदि की पुस्तकें शामिल की जा रही हैं। सभी पुस्तकों पर रज़ा साहब और उनके समकालीन मित्र चित्रकारों आदि की प्रतिकृतियाँ आवरणों पर होंगी।

प्रकाश एक युवा-कवि आलोचक थे जिन्होंने इस कविता-संग्रह की पाण्डुलिपि स्वयं तैयार की थी और उसे प्रकाशित करने की चेष्टा कर रहे थे। दुर्भाग्य से उन्होंने जनवरी २०१६ में आत्महत्या कर ली। यह मरणोपरान्त प्रकाशन इस बात का साक्ष्य है कि प्रकाश एक भाषा-सजग, शिल्प-निपुण कवि थे जिनके लिए भाषा स्वयं खोजने-पाने का एक अनुभव थी, निरा माध्यम भर नहीं। उसमें सूक्ष्म संवेदना है जो आजकल की अधिकतर युवा कविता की तरह सामान्यीकृत अनुभवों से काम नहीं चलाती बल्कि उसे संवेदना को ऐसे अनेक बिम्बों और छवियों से चरितार्थ करती है जो प्राय: परिणति में नहीं प्रक्रिया में होती है : उसे कहीं पहुँचने की जल्दी नहीं होती और वह धीरज से रास्ता खोजती, तय करती या ज़रूरी लगे तो उसमें भटकती है। मर्म, दृष्टि और ब्यौरों के बीच प्रकाश के यहाँ दूरी नहीं है, न ही अलगाव। वे दरअसल उन सभी के बीच गहरे लगाव के शिल्पकार थे। उनका यह दूसरा संग्रह प्रकाशित हो रहा है जिसे इस पुस्तक माला में स्थान देकर हमें सन्तोष है कि एक अच्छे युवा कवि की कुल रचनाएँ हमें सामने लाने का सुयोग मिल रहा है।

अशोक वाजपेयी

जुलाई २०१७, नयी दिल्ली

क्रम

आँख के पीछे खिड़की थी

सुकर्ण अवाक् स्वीकृति को सुनता था

प्रार्थना थोड़ी ज़्यादा थी करनेवाला थोड़ा कम

आत्मन् के गाये गये कुछ गीत

भीग कर जल जल होता जाता था

जल का जल

भीग कर जल जल होता जाता था

जल उस पर धार–धार बरसता
वह भीग कर घुलता जाता था

वह जल में डूबता था
जल का एक सरोवर उठता था
जब सरोवर में केवल सरोवर रह जाता था
जल सरोवर को उत्सुक देखता था
उसे जल में कुछ विस्मय नज़र आता था
झिझकते हुए वह जल को छूता था

सरोवर मुखौटा हटा कर ज़ोर से ठहाके लगाता था
लजा कर मुस्कुराता हुआ जल
हथेलियों से मुँह छिपा लेता था!

जल में आकाश

बहते जल में प्रस्फुटित होता था आकाश
आकाश में जल घिरता था

घर्र–घर्र गरजता जल
टूट कर ढहता था
गिरता था आकाश

आकाश जल में गिरता था!

ठहरी नदी

ऊपर आकाश नदी–सा बहता था
नीचे नदी आकाश–सी ठहरी थी

ठहरी हुई नदी में दृष्टि ठहरी हुई थी
एक प्रतीक्षा, एक विस्मय ठहरा हुआ था

आकाश के जल में दूर से फूल–पत्ते और टहनियाँ बहती आती थीं
एक जलता हुआ दीया और समय बहता आता था

बहते हुए आकाश में प्रकाश भी निश्चिन्त बहता था
अचानक जल का रेला आता था
आकाश को बहा ले जाता था

आकाश के अनुपस्थित होते ही
नीचे विस्मय में ठहरी नदी फिर बहने लगती थी!

नदी का स्वाद

जिह्वा पर एक अद्‌भुत नदी होती थी
मैं एक दृश्य देखता था और नदी को पीने लगता था

सुबह एक चिड़िया के जल पीने के दृश्य में
नदी जिह्वा पर कल-कल बहने लगती थी
दोपहर की घनघोर बारिश की धुँध में
उससे उठते जल-धुएँ का दृश्य दिखता था
मैं पीने के लिए नदी को जिह्वा पर सँभालता था
वह उजली घूँट-सी मुझमें उतरती थी

कई बार अथाह अन्धकार का अदृश्य मुझे दिखता था
उस घटाटोप में नदी बहती रहती थी
जिस पर दिन की बारिश की तरह रात का उजाला बरसता था
मैं जल्दी में पूरी की पूरी नदी पी जाता था

मैं तरल हो कर एक उजली नदी में प्रवेश करता था
वहाँ अपने होने के उजाले में नदी का स्वाद बन जाता था!

नींद की नदी

किसी एक की नींद में बुदबुदाता हुआ
मैं अपनी नींद में सपने में जागता था

उस एक की नींद भरा कलश था
जिससे उबल-उबल कर जल बहता था
उबलना बुदबुदाना था
कलश के पूर्ण आकाश में मैं तारों-सा झिलमिलाता था

उसकी नींद में उबलता जल-सा बुदबुदाता
बह कर मैं अपनी नींद में गिरता था

नींद एक नदी थी
अपनी नींद में बहता हुआ
मैं सपने में एक सागर में जागता था!

रात की नदी

वहाँ रात के उत्कर्ष में
मैंने उसके फूल तोड़े
फूल का करूँ क्या?

दुविधा से रात की नदी फूटती
फूल रात का
नदी में विसर्जित कर देता था

एक नक्षत्र के आलोक में
दृश्य दीखता—
नदी में विसर्जित करते
पुष्प-सा, मैं विसर्जित होता था

मैं नदी में डूबता
जल के भीतर रात का आकाश चमकता
फूटता वहाँ से रोशनी का दरिया
उमड़ती रोशनी मूसलाधार
जल-भीतर में डूबता, ऊपर भीगता बादलों की बारिश में
जल और प्यास अँजुरि भर-भर पीता था

रात की रोशनी का उफ़नता दरिया
रात की देह में बहता था!

बहती नदी

नदी
नदी के पार होना चाहती थी

वह नदी का उड़ता वस्त्र थाम कर
गिरते हुए नदी–प्रवाह में बह जाती थी

बहती हुई नदी में रुक कर
नदी, नदी को बह जाता देखती;
बहती हुई नदी, रुकी हुई नदी को
रुका छोड़ कर बह जाती थी!

फिर रुकी हुई नदी बहती थी
बहती नदी चकित हो रुक कर
नदी को बह जाता देखती

बहती हुई नदी रुकी नदी के पार हो जाती थी!

नींद का पानी

नींद से लबलब
भरा हुआ था घड़ा देह का
देह धीरे शिथिल होती थी

नींद में शीतल सुवास उठता था
नींद गहरा कर ध्यान होती थी

नींद का पानी भरे घड़े में ठहरा हुआ था
उसके भीतर होश की ज्योति खिली हुई थी!

स्वाद का जल

स्वाद का जल उतरा जिह्वा पर
जिह्वा पर चटकार उठता था!

वहाँ सुगन्धित जल की नदी थी
उसमें सुगन्धित जल मिलता था
जल में जल की रति मिलती थी
उसमें जल का उछाह मिलता था

जिह्वा पर उतरा स्वाद का जल
स्वाद का चटकार उठता था
उससे मिलकर स्वाद-विह्वल
मैं मूर्च्छित हो जाता था!

उसका जल

उसमें रहता वह उसका अपना जल था

जल उसके भीतर गिरता
वह अपने जल में उठता
जल में गिर कर डूब जाता था

उसे मिटा कर जल उस पर उन्नत होता था
जल की दो आँखें जगतीं साकार
उसमें करुणा कर थोड़ा जल अटका था

अपने ही जल का ऐसा मुख देख
उसका जल गल-गल कर बहता था!

आँख का जल

उसकी आँख में अपनी आँख डाल कर झाँकने से पहले
अपनी आँख के भीतर छलाँग लगाता था

यह देह में बस कर और आँख के भीतर डुबकी थी
यह आँख की गहरी झील में केवल आँख की डुबकी थी
डूबकर ऊभ-चूभ आँख को दूसरी आँख का तल दिखता था

आँख आँख का तल देखता था
आँख आँख का जल देखता था!

रात का जल

रात जल पर गिरी
जल उमग कर छलका
जल की साँस में अँधेरा घुला

रात जल पर गिरी
जल उछल कर बिखरा
जल के स्वाद में स्वाद रात का मिला

रात जल पर गिरी
जल में रात का जल पिघला
जल में रात की
बरसात की झम–झम!

जल रात के प्रदेश में शोर करता फैला!

जल का नाम

मैं जल को उसके नाम से पुकारता था
मैं उसके मुख पर जल फेंकता था

जल के चेहरे पर हरकत होती थी
वह धीरे-धीरे नींद से बाहर निकलता था

मैं जल को उसके नाम से पुकारता था
उसके प्राण लौटते थे!

जल-रोशनी

मैंने जल में झाँका
वहाँ जल से जल की रोशनी लिपटी हुई थी

मैं एक युगल को
अलग-अलग नहीं पुकार सकता था
मैंने आवाज़ दी—'जल-रोशनी!'

जल की ठिठोली

मैंने जल को उच्चरित किया
भाग कर मेरी जिह्वा पर रस चला आया
मैं रस में डूबा हुआ था
बाहर जल का छिलका पड़ा हुआ था!

मैं जल के तल में उतर गया
वहाँ जल नहीं जल का शब्द था
मैं जल के शब्द में उतर गया
वहाँ शब्द में स्वयं जल था!

प्यास का कण्ठ

मुझ को उसकी भीषण प्यास सताती थी
मैं थक कर जल की ओर जाता था

जल भी थका हुआ और प्यासा
मेरी प्यास के भीतर आता था

प्यास में जब जल मुझ को पा लेता था
प्यास के कण्ठ में गिर जाता था

कण्ठ प्यास का मुझ से और जल से ज़्यादा प्यासा था!

कथा अगिन-जल

जल-बिच टप्-टप् बूँद अगिन की
अगिन-बिच कौंधा नील अकास

जल-जल कर जल पिघला अगिन से
अगिन में घुल कर हुआ ललाम

उत बिच कौंधा पीत अकास!

* * *

जल इक प्यासा, अगिन पानी
पीता भर-भर ओक पिपासु
जल के कण्ठ में उतरा पानी
जल पी कर जल हो रह्या राख!

* * *

जल में अगनि की नदी थी बहती
नदी का जल था उच्छल बहता

उतर कर उसमें देह डूबती
अगिन करती थी अगनि-स्नान

उदय-दिशा में सूर्य था लोहित
दृश्य अग्निवर्ण, दृष्टि लाल

अंजुरि में जल भर, हवि देता सूर्य को
दह-दह दहता लाल अकास

टप्-टप् चूती अगनि अंजुरि से
करता था मैं दृश्य-प्रणाम!

आँख के पीछे खिड़की थी

पेड़

हँसते हुए हरितवर्ण परदे पर मैं कान धरता था

यद्यपि वह हिलता था
अतः मैं हिलते हुए हरितवर्ण पर कान धरता था
यद्यपि वह हँसता था
अतः मैं हँसते हुए हरितवर्ण पर कान धरता था

यद्यपि हरितवर्ण हँसते हुए हिलता था
अतः मैं हँसने और हिलने पर कान धरता था
हँसना गूँजता था और हिलना उसे सँभाले रखता था
हिलने में सँभली हुई गूँज पर मैं कान धरता था

हरितवर्ण गूँज कानों से टकरा कर
अस्थियों में उतरती थी
अस्थियों का एक हरा पेड़ होता था
पेड़ में अनेक शाखाएँ
पेड़ की हरित अस्थि-शाखाओं के साथ
खड़ी देह एक हरा पेड़ थी

पेड़ पर नीला आकाश झुकता था
मैं झुके आकाश पर कान धरता था!

चिड़िया

चिड़िया की ध्वनि में एक चिड़िया थी
ध्वनि गूँजती तो चिड़िया गूँजती थी

गूँजती चिड़िया हिलती टहनी पर आ कर बैठ जाती थी
हिलती टहनी हिलती रहती थी
हिलने पर बैठा गूँजना भी हिलता रहता था

हिलने पर बैठा पीला रंग हिलता रहता था
हिलने पर बैठी आँख की पुतली हिलती रहती थी
हिलने पर बैठे नीले पंख हिलते रहते थे

हिलने पर बैठी को हिलने से थमने का उपाय नहीं था
वह चकित चकमक आँख से टुकटुक देखती थी
चुपचाप आँख मूँद हिलने में डूब जाती थी!

हरा नृत्य

वृक्ष का हरा वृक्ष में नृत्य करता था
नृत्य की थिरकन से काँप कर
उस पर आया एक पक्षी मुड़ कर
वापस आकाश में उड़ जाता था
हरे का रस उसकी पुतलियों में दिप कर
उसे पास बुलाता था
वह अपने पंखों और हवा के साथ नृत्य करता हुआ
पुनः वृक्ष के हरे पर उतरता था

हवा की बाँह में
वृक्ष और चिड़िया के हरे का
युगल नृत्य एक समय में अहर्निश होता था

नृत्य को मुस्कुराता हुआ ऊपर से आकाश निहारता था
नीचे हिलता हुआ तरल जल चुपचाप बहता था!

नाच का दरिया

नाच एक बहता हुआ दरिया था
उसमें काँपते हुए तिनके को थामना कठिन था

काँपता हुआ तिनका दरिया का नाच था
दरिया के नाच को थामना कठिन था

दरिया को छूना नाचते हुए नाच को छूना था
नाच को छूना नाचते हुए दरिया को छूना था

दरिया के किनारे से नाच को देखना कठिन था
कि नाचते हुए दरिया और नाच में कूद जाना था!

नर्तक का नाच

नर्तक नाचते हुए रुका
नाच अधूरा था

अधूरे नाच को नाचते हुए नर्तक रुका
दर्शक देखते थे

उसने नाच को बाहर किया, फिर नाचा
वह नाचा, नाच कर जाने कब अपने-आप रुका

उसे रुकने का पता नहीं था, बस वह रुका
रुक कर उसने देखा—
उसका नाच उसको घेर कर नाचता था
नाच के केन्द्र में निर्वाक् खड़ा
वह अपना नाच देखता था!

ललाट

मैं उसके विराट ललाट को एकटक देखता था
मैं उसका तिलक करना चाहता था

मैं हाथ बढ़ाता था—
सामने पृथ्वी का मस्तक उठ आता था
मैं ठिठक कर रुकता था
फिर तिलक को हाथ बढ़ाता था
कि अन्तरिक्ष का मस्तक सामने झुक आता था

मैं रुक कर उसके मस्तक को निहारता था
कि शून्य का विराट ललाट दिख जाता था

हँस कर मैंने अपने संक्षिप्त ललाट पर तिलक कर लिया
अब पृथ्वी, अन्तरिक्ष और शून्य
लालच से मेरा ललाट निहारते थे!

मथानी

देह के भीतर देह की मथानी थी
मथानी मथती थी देह मथी जाती थी

देह नदी में स्नान करती एक पुकार सुन आयी थी
वही पुकार देह-सी उसमें गूँजती थी
गूँज से देह मथी जाती, काँपती-सिहरती थी

गूँज से छूट जाने की
देह फिर नदी में उतरती
उतरते ही नदी देह को मथती थी
घबरा कर नदी से भागती देह
दूर तलक नदी को मथती जाती थी!

चलना

चलते–चलते पाँव चलने में उठते थे
गिर कर उसमें मिल जाते थे

चल कर गिरता एक पाँव
एक और में ढल जाता था
एक दूसरा पाँव वहीं से
उन्नत हो कर उठ आता था

मानो चलना एक पाँव था
फिर पाँव नहीं केवल चलना होता था
फिर चलनेवाला चलने से बाहर हो जाता था

बाहर हुआ चलनेवाला
हाँफता हुआ चलने के पीछे भागता था

चलना पीछे मुड़ कर मुस्कुराता था!

सुरति

वह सारे नामों को भूल गया था
अचानक उसे अपना नाम याद आता था
वह उसे पुकारता था—आकाश! आकाश!! आकाश!!!

आकाश तालियों से गड़गड़ा उठता था!

फूल देखना

दिखते हुए फूल को मैं सोचना शुरू करता था
फूल थोड़ा दूर होता था

फूल को सोचते हुए मैं वहाँ पहुँच जाता था
जहाँ फूल बहुत दूर होता था

मैंने एक फूल देखा
और सोचना बन्द किया!

आवाज़ में झर कर

मैं आ रहा था भागता धुँध से
पलट कर देखा
पीछे खींच लिया गया

आगे   पुकार मेरी गूँजती दूर गयी
शीशे-सी टूट गयी द्वार पर

मैं जा रहा था भागता धुँध में
थोड़ा घर गया
थोड़ा बच कर गिर गया
आवाज़ में झर कर द्वार पर
फूल-सा बिखर गया!

चिल्लाता पक्षी

कुटिया में दीपक की थिर होती लय थी
चिल्लाता था कोई बाहर
नींद में बाधा फेंकता खींचता जाल

नींद के बाहर चिल्लाता
बार-बार कोई पक्षी
चिढ़ कर मैंने झाँका—
बाहर पक्षी की तरह वही चिल्लाता था

मैं दुबक जाता था भीतर
अपनी प्राचीन निद्रा में

नींद में मैं चिल्लाता पक्षी था—
चिल्लाता पक्षी!

दरवाज़ा

वहाँ अन्धकार में एक दरवाज़ा हुआ करता था
दरवाज़े पर लगातार ठक्-ठक् होती थी!

भीतर नींद के आकाश में
अँधेरे की मह-मह ख़ुशबू थी
ख़ुशबू से बोझिल उलझी थी हवा की साँस
क्षितिज के विस्तार से झरता
अँधेरा प्यास-सा गहराता था
अँधेरे की रूह गूँजती थी
अँधेरे की काया में!

नींद में तिल-तिल गलता था अँधेरा
टप्-टप् गिरता था नींद की जिह्वा पर!

अँधेरे का रस पीती नींद
के दरवाज़े पर ठक्-ठक्
दस्तक देता था रात का घेरा!

बन्द सन्नाटे में डूबा था दरवाज़ा
नींद के भीतर कोई बार-बार चौंक कर उठता था!

जर्जर दरवाज़ा

उस एक में दूसरा छिपा हुआ था
एक दरवाज़ा था दूसरा जर्जर
मैं एक को देखता तो दूसरा नहीं दिखता था
पहले को नहीं देखता तो दूसरा साफ़ दिखता था
दोनों को साथ नहीं देख सकता था
इसलिए दोनों होने-न-होने की मुमकिन के साथ होते थे

दोनों एक-दूसरे में भीतर-बाहर-आगे-पीछे छिपे हुए थे
मैं चारों ओर घूम कर भीतर-बाहर उनसे निकलना चाहता था
वहाँ पहला खड़ा था दूसरे का चेहरा पहन कर
दूसरे पहले का नहीं अपना ही चेहरा पहन कर
पहले के आगे खड़ा था
दोनों दूसरे थे और पहला कोई नहीं था
पहला जहाँ खड़ा था वहाँ दूसरे की शक्ल खड़ी थी

उस एक में दूसरा जाता हुआ दिखायी देता था
उस एक से पहला आता हुआ दिखायी देता था
उनमें से कोई सचमुच बाहर नहीं आता-जाता था

बाहर मैं खड़ा किसी तीसरे को पुकारना चाहता था
मैं कुछ उचारता कि अचानक
वह ढहता हुआ मकाँ मुझे दिखायी देता था

मैं जिस दृश्य से आविष्ट था वही दृश्य ढह कर
मुझ पर गिर रहा होता था

मैं एक टूटता हुआ दरवाज़ा
और चरमराता हुआ जर्जर देखता था
भाग कर मैं एक के पीछे छिपे दूसरे की ओर दौड़ता था
वहाँ दरवाज़ा टूट कर गिरा होता था जर्जर
वहाँ जर्जर और दरवाज़ा नहीं गिरा होता था
वहाँ जर्जर दरवाज़ा गिरा होता था
उस एक में दूसरा और दूसरे में पहला अब भी छिपा होता था
लामकाँ मैं उसके सामने असहाय खड़ा होता था

लामकाँ मुझमें जर्जर दरवाज़ा टूटता रहता था
जर्जर दरवाज़े में छिपा हुआ वह खिलखिल
मुझ पर हँस रहा होता था!

परदा

मैं दृश्य के बाहर से शुरुआत करता था
दृश्य में पाँव रखता था अ...ब...स...

...स के बाद एक दरवाज़ा था थोड़ा उढ़का हुआ
मैं धीरे से उसे छूता था
मैं चौखट के बाहर बैठ जाता था
दरवाज़े पर अँधेरे का परदा पड़ा होता था
परदे को देखता हुआ
मैं स्लेट पर लिखता जाता था अ...ब...स...

परदा हिलता रहता था!

अ-उपस्थित

वहाँ एक दृश्य असहाय-सा चुपचाप पड़ा था
दृश्य का कोई दर्शक नहीं था

दृश्य के पास एक गाना रखा हुआ था
गाना गाया नहीं जा सकता था
कोई गायक नहीं था

एक हूक थी पसरा हुआ आकाश था
एक विस्मय था और अनन्त था!

क्षण

मैं प्रार्थना-गृह में झूलते घण्टे को हाथ में लेता था

मैं रुकता, थोड़ा सजग होता
मैं पूरा सजग हो जाता था
निकट मृत्यु का परम दुर्घट था
वह आरम्भ के पूर्व का अन्तिम क्षण था
जैसे हत्यारे की तलवार गरदन पर गिरती थी!

अनुरणन में अक्षर के गूँजने के पहले
मैंने काँप कर आँख खोली—
अनुरणन में अक्षर के खोने के पहले
निर्ध्वनि में मैं जागा—

जाग कर पूरी त्वरा से मैं घण्टा बजा देता था!

उच्चारण

उच्चारण में उच्चरित नहीं दिखता था
ध्यान से देखने पर
उच्चरित उच्चारण के पीछे छिपा दिखता था
सामने विशुद्ध उच्चारण होता था

उच्चारण उच्चरित का छिलका था
क़रीब आ कर वह गिर जाता था
तब उच्चरित का मुख साफ़ दिखता था

साफ़ दिखता हुआ उच्चरित
तब उच्चारण करता था!

मिलना

वह उसमें जा कर उससे मिल गया था
उसे उसमें थोड़ा और नीचे उतरना था

वह उसके कुएँ की मुँडेर पर अटक कर
थोड़ा और गहरे मिलने को उत्सुक
नीचे गहराई में देखता था

वह मुँडेर से गहराई में कूद कर
उससे और गहरे में मिल जाता था

विस्फारित वह देखता था
वहाँ एक के नीचे एक मुँडेर का क्रम था
वह अनन्त में गिरता जाता था
उससे मिलता जाता था

उससे मिलते हुए वह फिर मुँडेर पर पहुँचता था
वहाँ से कुएँ की गहराई में झाँकता था!

होश

उसकी नींद नदी में डूबती जाती थी
वह जागता था

नींद की साँस रूँधती चली जाती थी
उसका सिर लहरों के बीच डूबता-उतराता था

वह जाग कर तट से नदी को देखता था—
अब नींद डूब रही है
और नदी भी

केवल जागना जागता हुआ शेष रहता था!

एकटक

वह उत्तप्त काँपता आग का गोला था
कामना से आपूरित अपनी ही कामना को
एकटक देखता हुआ

कामना अग्नि थी
अग्नि को देखता हुआ वह अचानक गिरा

कि अग्नि राख थी!

विस्मित

गहरे कुएँ की गहराई में देखते हुए जब निरन्तर देखा
तो विस्मय-विमुग्ध हुआ
वहाँ कोई कुआँ नहीं था

विस्मय का कुआँ था!

फिर उसकी गहराई में जब गहरे देखा
विस्मय नहीं देखा, कुआँ दिखा!

मैं विस्मित हुआ!

अन्तरण

ज्योति को अपने ही दीपक में जलना था

अपने प्रज्वलित अंक में जा कर घुसता नहीं
उसी में थोड़ा उठ कर थोड़ा और ज्योतित हो जाता था!

* * *

ज्योति को अपने ही दीपक में गिरना था
वह पास बुझे हुए दीपक पर
छलाँग लगाता था

बुझा हुआ दीपक ज्योति से जल उठता था
पास प्रज्वलित दीपक को यह सुन्दर लगता था!

जगह

देह अरराकर गिर रही थी
अब कुछ नहीं किया जा सकता था

अचानक वह सजग हुआ

गिरती हुई देह की जगह
अब उसकी देह खड़ी थी!

सँभालना

वह अनन्त दौड़ में शामिल एक देह थी
दौड़ते हुए एक समय थक कर गिरती हुई

लहरा कर गिरती हुई देह से तेजी से वह बाहर हुआ
गिरती हुई देह को देखता हुआ
लपक कर गिरती हुई देह को सँभालता हुआ!

भाग कर

मैं आगे भागता था
पीछे कोई भगाता था
मैं उसके आगे भागता हुआ
उसके पीछे से उसे भगाता था
मुझे पीछे से सरपट वह दौड़ाए जाता था

आगे दिखता हुआ मैं पीछे से उसे भगाता था
पीछे दिखने से पहले मैं आगे भाग रहा होता था

पीछे हँसती हुई जो छाया थी, अब हाँफती हुई छाया थी
तभी पलट कर मैंने उसे गहरे देखा—
और वह सशरीर भष्म हो गयी !

इस तरह

इस तरह उपस्थित होता हूँ
कि अनुपस्थित होता प्रतीत होता हूँ
इस तरह बाहर जाता हूँ
कि भीतर आता हुआ दिखता हूँ

यह एक ख़ाली दिखता हुआ मकाँ
यहाँ एक जलता और बुझता हुआ दीया
कोई और नहीं
यहाँ मैं जलने की तरह आता हूँ
बुझने की तरह यहाँ से जाता हूँ

आता हूँ तो जल जाता है दीया,
जलता है दीया तो बुझना लौट जाता है
जाता हूँ तो बुझ जाता है दीया,
बुझता है दीया तो जलना आ जाता है

आकर जला तो बाहर गया मेरा जाना
बुझा तो भीतर आ गया मेरा आना!

उपस्थित

इत्यादि ने मुझे बाहर धकेल दिया
मैं बाहर हुआ इत्यादि भी बाहर हुआ

वहाँ कभी मेरी उपस्थिति हुआ करती थी
अब अनुपस्थिति रहती थी और इत्यादि

मैं उपस्थिति से बाहर हो गया था
अनुपस्थिति के भीतर आ गया था

अनुपस्थिति जहाँ–जहाँ रहती है
मैं वहाँ–वहाँ उसमें हो कर
सदैव उपस्थित हो जाता हूँ!

सुकर्ण अवाक् स्वीकृति को सुनता था

सुनते हुए

कण्ठ से उतरती ध्वनि को पीता था प्रशान्त!

पी कर ध्वनि के जल में भीगता
प्रशान्त ध्वनि को सुनता था

सुनते ही जल से अग्नि प्रकटती
सुनता हुआ प्रशान्त जल कर राख हो जाता था!

जल राख को गीला करता
उसे धो कर बिखरा देता था
राख जल का कम्प सुनती
अपने सन्नाटा में ठहर कर
जल को सुनती राख
देह में पुनरपि निर्मित होती थी

प्रशान्त सुनते हुए मिटता
और सुनते हुए
ही जीवित हो जाता था!

सुकर्ण

एक कहना था जिसको सुनता हुआ सुकर्ण था

कहना सुकर्ण के निकट था सुकर्ण चौकन्ना था
सुन कर सुकर्ण स्वीकृति में सिर हिलाता था

सुकर्ण क्या सुन कर सिर हिलाता था?

कहने की ध्वनि ऋक् नहीं थी
वह साम और उद्‌गीथ नहीं था
कहना वाक् नहीं था
सुकर्ण जब वाक् नहीं सुनता था तो क्या सुनता था?

सुकर्ण सुनता रहता था
एकाएक वह उठता था नदी की ओर बढ़ जाता था
वह जल में कटि तक स्थित होता था
उसके समक्ष पूर्व में उठता हुआ सूर्य था

कहना सुकर्ण के निकट आता था
वह वाक् नहीं कहता था
सुकर्ण सुनता रहता था
सुकर्ण जब वाक् नहीं सुनता था तो क्या सुनता था?

सुकर्ण सूर्य की ओर अपलक देखता था
सुकर्ण अवाक् को सुनता था
सुनकर सुकर्ण स्वीकृति में सिर हिलाता था

सुकर्ण अवाक् स्वीकृति को सुनता था!

ध्वनि-स्नान

शान्त सुबह के दृश्य में आ कर
प्रशान्त उच्चारता था—'अ!'
मैं ध्वनि में 'अ' देखता था—
'अ' दृश्य में घिर जाता था

दृश्य के बाहर सघन निविड़ में
प्रशान्त अनुच्चारता था—'अ!'
अनुच्चरित 'अ' नहीं दिखता था—
मैं 'अ' का स्मरण करता था!

प्रशान्त अनुच्चार के भी बाहर हो जाता था
असहाय मैं 'अ' का स्मरण भूल जाता था

अब 'अ' हर कहीं अनुपस्थित होता था
मैं विस्मय से काँप उठता था
विस्मय में प्रशान्त आहिस्ते पाँव धरता था
एक काँपता 'अ' कँपाता मुझको
मुझमें उतरने लगता था
मैं 'अ' के होने को
'अ' हो कर सुनने लगता था

सुनते ही 'अ' मुझमें—'अ' में—गूँजने लगता था
'अ' मुझमें—'अ' में—झिरने, उतरने लगता था
डूबकर 'अ' मुझमें—'अ' में—घुलने, पसरने लगता था

प्रशान्त पूछ लेता था—'कहाँ?'
मैं चुप, 'अ' में स्नान करता था
शंका से प्रशान्त पूछता था—'कौन?'
उच्चार उठता था—'अ!'

कहना-सुनना

कह-कह कर कहा अपने को सुनना चाहता था

कहा हुआ कहने के कण्ठ से फूट कर
बाहर के समतल में बहता जाता था
सुनना एक कपोत की भाँति कहने के पास बैठा हुआ था
कपोत वह, कहे के जल में उतर कर
चंचल स्नान करता था

कपोत की चकित आँख में जल का मोती चमक जाता था
उस चकमक में एकाकार सुनना
कहे का अर्थ पा लेता था!

सुनना

वक्ता मुझसे मिल कर बैठ गया
बात पूरी हुई

बात शुरू करने को मैं तत्पर हुआ
उस पर नज़र गड़ाई

उसने डपट कर कहा—
जब तक नहीं कहूँ, सुनते नहीं तुम?

प्रशान्त को सुनना

मैं प्रशान्त को सुनता था
मैं वहाँ नहीं होता था तो बोदा सा सुनना बैठा रहता था
सुनने की समझ में कुछ नहीं आता था
उसके पीछे से उझक-उझक कर कुतूहल से
एक तीसरा
सुनने को देखता था

प्रशान्त कहता था—

सुना

मैंने उसे पुकार कर, सुना :

मैंने कुछ भी नहीं सुना!

ओह,
उसने मुझे सुन लिया!

प्रार्थना थोड़ी ज़्यादा थी करनेवाला थोड़ा कम

प्रार्थना

प्रार्थना थोड़ी ज़्यादा थी
करने वाला थोड़ा कम

करने वाला और भी कम-कम होता जाता था

कर्ता झुक कर आकाश समक्ष
मौन होता था
भरता था आकाश-कलश प्रार्थना से;
कर्ता चुकता था
आकाश कलश में डूब कर
अधिक हो जाता था

डबडब प्रार्थना से उज्ज्वल आकाश
पुष्प-सा फूटता था
सुगन्ध-सा बिखर जाता था

प्रार्थना बहुत ज़्यादा थी
करने वाला नहीं था!

यद्यपि

मैं उसके सामने नहीं झुका
वह होता तो झुकने का प्रश्न था
और झुकता तो उसके बल के कारण
उसके होने के जोर से झुकता

मैं उसके आगे नहीं झुका

वह था—
इसलिए नहीं की प्रार्थना,
वह नहीं था—
फिर भी करता था प्रार्थना,
यूँ ही झुकता हर बार
प्रार्थना के साथ,
प्रार्थना के सामने

कोई कहीं था या नहीं कौन जाने,
यद्यपि मैं था
अतः प्रार्थना में मैं हर कहीं झुकता था
हर बार!

ढंग

मैं तकिए पर सिर रखता था
सो जाता था

(क्यों मिथ्या कहते हैं आप?)

मिथ्या नहीं
और न नींद

यही प्रार्थना का ढंग
यही उसके घर में जाने का ढंग था!

पाँव पर

मुझे अपने सिर के साथ उठने में दिक़्क़त थी
सुबह उठता था तो मन में अपने पाँव छूता था

उठा हुआ सिर भीषण पीड़ा से दुखता था
रोने से वह गल-गल कर
पाँवों पर टप्-टप् गिरता था

मुझे सिर के साथ होने में दिक़्क़त थी
होने से पहले मैं रुकता
आँख का आँसू पाँव चूमता था!

शस्त्र-त्याग

वे उठे हुए गिरते दो हाथ थे
वह तना हुआ झुकता एक माथा
वे भागते हुए रुकते दो क़दम थे
वे खुली हुई मुँदती दो आँखें

उसको नहलाता हुआ आकाश बरसता था
चारों ओर से घेरता था आश्चर्य
दो संपुट चरणों के नीचे पृथ्वी कँपकँपाती
दो हाथ जुड़ते थे प्रार्थना में
उतरता हुआ था भय

वह अब भी थोड़ा उठा हुआ था थोड़ा तना हुआ
संशय का शेष संचरित होता था
आकाश बरसता था उसे डुबोता मूसलाधार
बार-बार निर्वाक् घेरता था

अचानक वह छोड़ देता था हर महीन धागा
गिर जाता था असहाय विकल पूरा का पूरा
बस देह स्तम्भ-सी खड़ी रहती थी

जो गिर गया उसके छूटे शून्य में बारिश टप्-टप् भरती थी
बारिश के साथ उत्सुक आकाश उतरता था!

वाक्पटु

वाक्पटु वाक् पूरा करना चाहता था
अन्तिम वाक् कह कर वह रुकता
कि पाता एक वाक्य शेष रह जाता था
वह वाक्य उच्चारता
और रुकते ही
स्मृति में छूटा हुआ शब्द कौंध जाता था

वह शब्द को कहता, कथन अधूरा रहता
वह शब्द को दुहराता, शब्द बार-बार लौट आता था

वह शब्द-ध्वनि गुँजारता
मुक्त-ध्वनि का शेष कण्ठ में गुमता
वह ध्वनि-जाल में घिर जाता था

वह पुनरपि अस्फुट उचारता
कहना शेष रहता था
वह वाक् में डूब कर अनकहा खँगालता
अनकहे की विशाल जलराशि से
अनकहा उफन कर बाहर नहीं आता
बाहर कहे हुए का मलबा बिखरा
मलबे पर बैठा वह और कहे जाता था

एक दिन थक कर वह चुप हुआ
अवाक् स्वीकृति में दृश्य में ध्वनि डूबती थी
वह विस्फारित देखता सदा के लिए अवाक् हो जाता था!

लुटना

जो लौट कर आता था वह लुट कर आता था
जो लुटना जानता था वही एकमात्र जाता था
बीच में झिलमिल झीना परदा हिलता रहता था

लुटना नहीं जानती कामना
उठ कर परदे के पीछे जाती थी
कि घेर ली जाती थी
वहाँ घिरा हुआ कोई टूट-टूट कर रोता था
पछाड़ खा-खा कर गिरता हुआ
घुटनों पर खड़ा होता था

लुटने से बचती काया दर्द से लहराती थी
गूँजने से पहले पुकार उसकी कण्ठ में फँस जाती थी

लहूलुहान वह आत्मन् भहरा कर गिरता था
झिलमिल झीना परदा जैसे हँसता रहता था!

जो जाता है

जो जाता है वही लौट कर वापस आता है

वह जाता जाने में रुक कर
मुड़ कर आने में ताकता है
वह मिटता मिटने में थक कर
बनने में चल कर आता है

वह जाता है वही विकल हो वापस आता है

वही लौट कर छूट गये का कर धरता है
वही लौट कर बरस गये पर गिरता है
वही लौट कर ख़ाली कुटिया में
बुझ गये दीप में सजल नयन-सा जलता है
वही फोड़ कर अन्धकार के कठिन बीज को
प्रकाश-पुष्प-सा खिलता है

वही जाता है वही लौट कर वापस आता है
लज्जा से नत आँसू भर-भर
सबसे क्षमा माँगता है!

स्वीकृति

सदैव दृश्य में घिरा हुआ वही दिखता था
मैंने देखा और स्वीकार किया

घुल–घुल कर पीली गल गयी मेरी देह
भीगी आँख, कण्ठ अवरुद्ध हुआ!

द्वार पर

वहाँ उस घर के आँगन में घुसते
मैं झुका द्वार के समक्ष—

उसको प्रणाम करता था।

उसे चूक जाता तो घर चूक जाता!

ओह !

मैं लौट कर कमरे के भीतर गया
वहाँ कोई नहीं था

सोचते ही मेरी हँसी छूट गयी !

सुबह की प्रार्थना

सुबह की प्रार्थना है—
शुक्रिया!

अब

मैं तुम में जा चुका था
अब उसे सम्भव करना था!

हर बार

यह संसार तुम्हारा था
यहाँ तुम्हारी ही कथा कही जा सकती थी

कहता था
और बार-बार चूकता था!

आत्मन् के गाये गये कुछ गीत

आना

वह जीवित, मृत्यु नाम की जगह पर
बार-बार जाता था
और हर बार अपनी जगह
लौट आता था
उसके हाथ में एक खंजड़ी थी
वह गाता-बजाता जाता था
और वैसा ही वापस आता था

लेकिन आश्चर्य कि आत्मन् कहता था
कि वह कभी कहीं गया ही नहीं!

सुनना

आत्मन् को सुनना अच्छा लगता था
वह जन्मों से सबको सुनता आता था
वह अनन्त समय से अनन्त समय
और समय में अपनी कथा को सुनता था
सुन-सुन कर उसके हिये में
हूक उठती रहती थी
निरुपाय हूक से कोई कहन उभरती थी
कहनी जाने कब अनकहनी में बिसर जाती थी
बेचारा करुण अनकही को ही
चुपचाप सुना करता था

अनकहा उमग कर उसके भीतर
जल की तरह काँपता-हिलता था
वह जल की काँपती झलक को सुनता था

एक दिन जल-उत्सुक आत्मन् जल के पास गया
कि उसमें गिर, पिघल कर, विलुप गया!

कहना

आत्मन् बहुत समय से कुछ कहना चाहता था
आत्मन् जन्मों से कहने से रुका हुआ था
हर जन्म में कहने को उसके कण्ठ काँपते
जिह्वा लरजती
उसको दृश्यमान सब दृश्य दिखते थे
दृश्यों के अदृश्य दिखते थे
उसकी कीचड़-पीली आँखों में
नदियों का जल भर-भर आता था

झर-झर रोता हर जनम में
असहाय आत्मन् चुप रह जाता था!

गाना

आत्मन् सुरमय गायन में निपुण नहीं था
गाने में उसकी साँस रुँधती कण्ठ कँपता था
गाता आत्मन् कण्ठ के जल में
स्वर के साथ डूब जाता था

ऊभ–चूभ अन्तहीन सागर में
अन्तिम क्षण में जब साँस टूटती
जल काँपता था!

जल के बाहर स्वर फूटता था!

चलना

आत्मन् अपनी खंजड़ी सीने पर थामे चलता जाता था
वह लगभग नींद में होता कुछ बुदबुदाता रहता था

उसका एक पाँव धप् से धरती पर गिरता था
मानो देह सहित वह पूरा धरती को चूम लेता था
उठा कर फिर से पाँव हवा में थोड़ा ऊपर
आकाश के फूलों को छू आता था

ऐसे अद्‌भुत नृत्य में ढोलता
वह भूमि और आकाश को पवित्र करता था

नक्षत्रों के फूल बरसते थे
कुछ आपस में हँस कर कहते थे!

साँस लेना

आत्मन् साँस नहीं लेता था
सप्रयास लेने में दुर्गन्ध आती थी

वह चुपचाप साँस को देखता था!

देखना

आत्मन् का देखना विचित्र होता था
वह दृश्य को देखता हुआ कुछ सुनता था
उसकी आँखें नशे से भर जाती थीं

फिर किसी क्षण अचानक
बदहवास चीख़ता हुआ कहता था—
वो देखा!!

जानना

आत्मन् अपनी छड़ी फेंक देता था
अस्त-व्यस्त कपड़ों को भूल
बेतरतीब नाचता था

भीड़ खड़ी पूछती थी—क्या हुआ?
आत्मन् कहता था—देखो और जानो!

पुकारना

आत्मन् रोज़ शाम के धुँधलके में
चुपचाप कहीं चला जाता था
मध्य रात्रि के निर्जन में
नक्षत्रों के उत्सव में
वह एकाएक प्रकट होता था

अपनी प्राचीन खंजड़ी पर नाचता
वह उच्चारता-गाता-पुकारता था
सज-धज कर खड़े नक्षत्र चकित देखते थे
उत्तरीय सँभालता चाँद निकट आता था
उस रात पुकार उसकी अनन्त के झिलमिल में झलकी—
उमग कर गहरी पुकार पर छलकने लगे नक्षत्र!

पुकार कर आत्मन् धरती पर
एक उजला नक्षत्र बन गया था!

खाना

आत्मन् खाता था और रो पड़ता था
वस्तुतः वह ख़ुद, ख़ुद से खाया जाता था
वह हैरत से ख़ुद को खाया जाता देखता था
उसकी आँखें फटी रह जाती थीं

कि वह रोज़ थोड़ा-थोड़ा कम होता जाता था!

पीना

आत्मन् को तेज प्यास सताती थी
पीने की इच्छा से सम्मुख सागर होता था
जब तक पीने की इच्छा थी
आत्मन् पी नहीं पाता था
पीने की प्यास भीतर कहीं दुबकी हुई थी
पीना सतह पर ही उतराता था

ऐसे जब तक उसे समुद्र का स्मरण था
पीना रुका हुआ था
रुके हुए पीने के साथ बेचैन प्यास रुकी हुई थी

हठात् किसी क्षण आत्मन् को
समुद्र विस्मृत हो जाता था
स्मरण में जल का भी स्मरण नहीं रह जाता था
प्यास, प्यास की इच्छा भी भूल जाया करती थी
तत्क्षण उस महाविस्मरण में
आत्मन् का पीना शुरू हो जाता था!

सोना

बहुत समय बाद एक समय थक कर
आत्मन् सो गया
सोने में पूरा डूब कर वह अपने में बुदबुदाया—
यह शराब कुछ ठीक नहीं...
कि उसकी नींद के तल से सिर उठा कर
एक सजग रोशनी बोली—
यह तुम्हारी वही पुरानी होश की शराब है!

जाना

आत्मन् प्रत्येक समय में होता था
वह समयातीत भी होता था

समय के शीश पर चहलकदमी करता आत्मन्
दृश्य में दिखता रहता था

अचानक अदृश्य हो जाता था!